SOYEZ VOTRE MEILLEUR AMI

Christian millot

avant propos: les phrases repetitives dans ce livre sont voulus par l auteur pour rappeler constamment à votre inconscient le but de cet ouvrage.

bonne lecture

Comprendre l'importance de la confiance en soi et de l'estime de soi

Comprendre l'importance de la confiance en soi et de l'estime de soi est essentiel pour cultiver ces qualités et vivre une vie épanouissante. La confiance en soi se réfère à la croyance en sa capacité à réussir dans une situation donnée, tandis que l'estime de soi se réfère à l'évaluation globale que l'on fait de soi-même.

Lorsque nous avons confiance en nous et une bonne estime de nous-mêmes, nous sommes plus susceptibles de prendre des risques, de faire face à des défis difficiles et de persévérer face à l'adversité. Nous sommes également plus susceptibles de nous engager dans des relations saines et gratifiantes, de réaliser nos objectifs et de trouver un sens et un but dans la vie.

En revanche, lorsque nous manquons de confiance en nous et d'estime de nous-mêmes, nous sommes plus susceptibles de nous retirer de la vie, d'éviter les défis et les situations nouvelles, de douter de nos capacités et de ressentir des sentiments d'anxiété et de dépression.

La confiance en soi et l'estime de soi sont également liées à la santé mentale et physique. Des études ont montré que les personnes qui ont une faible estime de soi sont plus susceptibles de souffrir de dépression, d'anxiété et d'autres problèmes de santé mentale. De même, les personnes qui manquent de confiance en elles sont plus susceptibles de souffrir de stress et de problèmes de santé physique tels que des maux de tête, des douleurs musculaires et des problèmes de sommeil.

En comprenant l'importance de la confiance en soi et de l'estime de soi, nous pouvons commencer à prendre des mesures pour cultiver ces qualités dans nos vies. Cela peut inclure la pratique de la gratitude et de l'auto-compassion, la fixation d'objectifs réalistes et la célébration des petites victoires, la pratique de la pleine conscience et de la méditation, ainsi que la recherche d'un soutien social positif.

En fin de compte, la confiance en soi et l'estime de soi sont essentielles pour vivre une vie épanouissante, en bonne santé et satisfaisante. En comprenant l'importance de ces qualités et en travaillant pour les cultiver, nous pouvons nous ouvrir à des possibilités illimitées et réaliser notre potentiel.

Identifier vos forces et vos faiblesses

Identifier vos forces et vos faiblesses est un aspect important de la construction de la confiance en soi et de l'estime de soi. Cela implique de prendre le temps de réfléchir sur qui vous êtes, ce que vous faites bien et ce que vous pouvez améliorer.

Identifier vos forces peut vous aider à mieux comprendre vos compétences et vos talents uniques, ce qui peut renforcer votre confiance en vous et votre estime de vous-même. Les forces peuvent être des caractéristiques de personnalité, des compétences techniques ou des talents naturels. Par exemple, vous pouvez être naturellement empathique, ou avoir une capacité exceptionnelle pour résoudre les problèmes complexes. En identifiant ces forces, vous pouvez les utiliser pour atteindre vos objectifs, relever des défis et améliorer votre vie quotidienne.

De même, identifier vos faiblesses peut vous aider à comprendre les domaines où vous pourriez avoir besoin de développement ou d'amélioration. Cela peut vous aider à éviter les erreurs et les pièges courants, et à travailler sur des domaines où vous avez des difficultés. Par exemple, vous pouvez avoir des difficultés à gérer votre temps efficacement, ou être nerveux lorsque vous devez parler en public. En identifiant ces faiblesses, vous pouvez travailler sur des stratégies pour les surmonter et les améliorer.

Il est important de se rappeler que tout le monde a des forces et des faiblesses, et que cela fait partie de ce qui nous rend humains. En identifiant ces aspects de vous-même, vous pouvez mieux comprendre votre propre identité et travailler pour devenir la meilleure version de vous-même.

Il existe de nombreuses façons d'identifier vos forces et vos faiblesses. Voici quelques idées:

- Faites une liste de vos réalisations passées. Cela peut vous aider à identifier les domaines où vous avez réussi et les compétences que vous avez utilisées pour y arriver.

- Demandez des commentaires à des amis, des collègues ou des membres de la famille en qui vous avez confiance. Ils peuvent vous fournir des informations utiles sur vos forces et vos faiblesses, ainsi que des suggestions sur la façon de les améliorer.
- Faites un bilan de compétences professionnelles ou utilisez des tests de personnalité pour mieux comprendre vos compétences, vos traits de personnalité et vos préférences.
- Réfléchissez sur les situations dans lesquelles vous vous sentez le plus à l'aise et les situations qui vous causent le plus de stress. Cela peut vous aider à identifier les compétences et les traits de personnalité qui vous sont naturels, ainsi que les domaines où vous pourriez avoir besoin de travailler.

En identifiant vos forces et vos faiblesses, vous pouvez mieux comprendre qui vous êtes et travailler pour devenir la meilleure version de vous-même. Cela peut renforcer votre confiance en vous et votre estime de vous-même, et vous aider à réaliser vos objectifs personnels et professionnels.

Surmonter les obstacles à la confiance en soi

Surmonter les obstacles à la confiance en soi peut être difficile, mais c'est un élément important de la construction d'une estime de soi positive. Les obstacles peuvent inclure des expériences passées négatives, des pensées négatives, des comparaisons sociales et des situations stressantes.

Pour surmonter ces obstacles, il est important de prendre des mesures pour améliorer votre estime de soi et votre confiance en vous. Voici quelques stratégies que vous pouvez utiliser pour surmonter les obstacles à la confiance en soi:

1. Faites face à vos pensées négatives : Les pensées négatives peuvent souvent entraver notre confiance en nous-mêmes. Essayez d'identifier les pensées négatives que vous

avez sur vous-même et travaillez à les remplacer par des affirmations positives. Par exemple, si vous pensez souvent "Je ne suis pas assez bon/ne", essayez de remplacer cette pensée par "Je suis fier/fière de mes réalisations et de mes efforts".

2. Traitez les expériences négatives : Les expériences passées peuvent parfois nous faire douter de nos capacités. Prenez le temps de traiter ces expériences et travaillez à comprendre ce qui a mal tourné. Identifiez les leçons que vous avez apprises de ces expériences et utilisez-les pour vous aider à progresser.

3. Évitez les comparaisons sociales : Les comparaisons sociales peuvent être difficiles à éviter, mais elles peuvent souvent nous faire douter de nos propres compétences et talents. Essayez de vous concentrer sur votre propre parcours et sur les progrès que vous avez réalisés, plutôt que de vous comparer à d'autres personnes.

4. Pratiquez l'auto-compassion : L'auto-compassion consiste à être gentil avec soi-même et à s'accepter tel que l'on est. Prenez le temps de vous traiter avec gentillesse et de vous offrir des

encouragements lorsque vous rencontrez des difficultés.

5. Évitez les situations stressantes : Certaines situations peuvent être particulièrement stressantes et avoir un impact négatif sur votre confiance en vous. Essayez d'éviter ces situations autant que possible, ou travaillez à développer des stratégies pour mieux les gérer.

6. Développez vos compétences : Le développement de nouvelles compétences peut souvent améliorer considérablement votre confiance en vous. Identifiez les domaines où vous aimeriez développer de nouvelles compétences et travaillez à les améliorer.

En utilisant ces stratégies, vous pouvez surmonter les obstacles à la confiance en soi et travailler à améliorer votre estime de vous-même. Gardez à l'esprit que la confiance en soi est un processus continu, et qu'il est important de prendre le temps de travailler sur votre estime de soi régulièrement. Avec le temps et l'effort, vous pouvez développer une confiance en vous solide et une estime de vous-même positive.

Développer une attitude positive envers soi-même

Développer une attitude positive envers soi-même est essentiel pour cultiver la confiance en soi et l'estime de soi. Cela peut aider à surmonter les pensées et les comportements négatifs qui peuvent nous retenir et nous empêcher de réaliser notre plein potentiel. Voici quelques stratégies qui peuvent vous aider à développer une attitude positive envers vous-même :

1. Prenez soin de vous : Prenez le temps de prendre soin de vous physiquement, émotionnellement et mentalement. Prenez une alimentation saine, faites de l'exercice régulièrement, dormez suffisamment et faites des activités qui vous plaisent.
2. Fixez-vous des objectifs : Fixez-vous des objectifs réalisables et mesurables et

travaillez régulièrement pour les atteindre. Cela vous donnera un sentiment d'accomplissement et vous aidera à vous concentrer sur vos forces plutôt que sur vos faiblesses.

3. Pratiquez la gratitude : Prenez le temps de réfléchir sur les choses positives dans votre vie. Notez-les et concentrez-vous sur ces choses lorsque vous vous sentez découragé ou stressé.

4. Entourez-vous de personnes positives : Entourez-vous de personnes positives et encourageantes qui vous soutiendront et vous aideront à rester motivé.

5. Soyez gentil avec vous-même : Traitez-vous avec bienveillance et compassion. Ne soyez pas trop dur avec vous-même lorsque vous faites des erreurs ou que vous rencontrez des difficultés.

6. Identifiez vos pensées négatives : Essayez d'identifier les pensées négatives que vous avez sur vous-même et travaillez à les remplacer par des affirmations positives.

7. Pratiquez la méditation ou la pleine conscience : La méditation ou la pleine conscience peuvent aider à réduire le stress

et l'anxiété, ainsi qu'à améliorer l'humeur et la concentration.

En développant une attitude positive envers vous-même, vous pouvez construire une estime de soi solide et une confiance en soi durable. Gardez à l'esprit que le développement de l'estime de soi et de la confiance en soi est un processus continu qui nécessite de l'engagement, de la patience et de l'effort. Cependant, les avantages en valent la peine. Vous vous sentirez plus confiant, plus heureux et plus capable de réaliser vos rêves et vos objectifs.

Comment affronter l'autocritique et la comparaison sociale

L'autocritique excessive et la comparaison sociale sont deux des principaux obstacles à la confiance en soi et à l'estime de soi. Voici quelques stratégies qui peuvent vous aider à affronter ces comportements négatifs :

1. Apprenez à reconnaître ces pensées négatives : Le premier pas pour affronter l'autocritique et la comparaison sociale est de reconnaître ces pensées négatives lorsqu'elles se produisent. Essayez de prendre du recul et de comprendre que ces pensées ne reflètent pas la réalité.
2. Pratiquez la bienveillance envers vous-même : Apprenez à être bienveillant envers vous-même et à accepter vos imperfections. Personne n'est parfait, et il est normal de faire des erreurs. Répétez-vous des

affirmations positives pour contrer les pensées négatives.

3. Évitez de vous comparer aux autres : Évitez de vous comparer aux autres et concentrez-vous plutôt sur votre propre croissance et votre propre développement. Vous êtes unique et avez des compétences et des talents uniques qui peuvent contribuer au monde d'une manière que personne d'autre ne peut.

4. Célébrez vos réussites : Apprenez à célébrer vos réussites, même les petites. Prenez le temps de reconnaître les choses que vous avez accomplies et les progrès que vous avez réalisés.

5. Évitez les personnes toxiques : Évitez les personnes toxiques qui vous critiquent et vous jugent. Entourez-vous plutôt de personnes positives et encourageantes qui vous soutiendront dans vos efforts.

6. Trouvez des modèles de rôle positifs : Cherchez des modèles de rôle positifs et inspirants qui vous encouragent et vous motivent à atteindre vos objectifs.

7. Pratiquez la pleine conscience : Pratiquez la pleine conscience pour vous aider à rester présent dans le moment et à vous

concentrer sur le moment présent plutôt que sur les comparaisons avec les autres.

8. Demandez de l'aide si nécessaire : Si vous avez du mal à affronter l'autocritique et la comparaison sociale, demandez de l'aide. Parlez à un ami de confiance, un thérapeute ou un conseiller qui peut vous aider à développer des stratégies pour surmonter ces comportements négatifs.

En suivant ces stratégies, vous pouvez apprendre à affronter l'autocritique et la comparaison sociale et à développer une estime de soi solide et une confiance en soi durable. Gardez à l'esprit que la construction de la confiance en soi et de l'estime de soi est un processus continu qui nécessite de l'engagement, de la patience et de l'effort. Cependant, en travaillant sur vous-même et en pratiquant la bienveillance envers vous-même, vous pouvez réaliser votre plein potentiel et vivre une vie épanouissante et satisfaisante.

Apprendre à accepter et à aimer son corps

Apprendre à accepter et à aimer son corps est un processus important pour développer une estime de soi solide et une confiance en soi durable. Voici quelques stratégies qui peuvent vous aider à atteindre cet objectif :

1. Pratiquez la gratitude : Apprenez à être reconnaissant pour votre corps et ses fonctions. Réalisez que votre corps est capable de faire des choses incroyables, même si vous n'aimez pas nécessairement son apparence. Prenez le temps de remercier votre corps pour ce qu'il fait pour vous.

2. Évitez la comparaison : Évitez de vous comparer aux autres et aux normes de beauté irréalistes qui sont souvent présentées dans les médias. Apprenez à

apprécier votre propre beauté unique et à célébrer votre individualité.

3. Pratiquez l'auto-compassion : Apprenez à être gentil et compatissant envers vous-même. Soyez doux avec vous-même et apprenez à vous pardonner si vous avez des pensées négatives ou des moments de faiblesse.

4. Trouvez des activités que vous aimez : Trouvez des activités physiques que vous aimez faire, comme la danse, le yoga, la natation ou la randonnée. En trouvant des activités que vous appréciez, vous pouvez apprendre à apprécier les capacités de votre corps plutôt que son apparence.

5. Soyez conscient de votre discours interne : Soyez conscient de votre discours interne et des messages que vous vous dites à vous-même. Si vous avez des pensées négatives sur votre corps, essayez de les remplacer par des pensées positives et encourageantes.

6. Entourez-vous de personnes positives : Entourez-vous de personnes positives et encourageantes qui vous soutiendront et vous aideront à vous sentir bien dans votre peau. Évitez les personnes qui vous

critiquent ou vous jugent en raison de votre apparence.

7. Évitez les régimes restrictifs : Évitez les régimes restrictifs et les comportements alimentaires malsains. Apprenez à nourrir votre corps avec des aliments nutritifs et sains plutôt que de vous priver ou de vous infliger des régimes stricts.

8. Cherchez de l'aide si nécessaire : Si vous avez du mal à accepter et à aimer votre corps, cherchez de l'aide auprès d'un thérapeute ou d'un professionnel de la santé mentale. Ils peuvent vous aider à travailler sur votre estime de soi et votre confiance en vous et à surmonter les comportements négatifs qui peuvent entraver votre bien-être.

En suivant ces stratégies, vous pouvez apprendre à accepter et à aimer votre corps, ce qui peut améliorer votre estime de soi et votre confiance en vous. Rappelez-vous que chaque corps est unique et beau à sa manière, et que vous méritez de vous sentir bien dans votre peau.

Se fixer des objectifs atteignables et réalisables

Se fixer des objectifs atteignables et réalisables est une étape essentielle pour renforcer sa confiance en soi et son estime de soi. Voici quelques stratégies pour vous aider à définir des objectifs réalisables :

1. Établissez des objectifs spécifiques : Au lieu de fixer des objectifs vagues ou généraux, comme "être plus en forme", définissez des objectifs spécifiques et concrets, comme "courir 5 km en moins de 30 minutes". Des objectifs spécifiques vous permettent de savoir exactement ce que vous devez faire pour les atteindre.
2. Établissez des objectifs mesurables : Assurez-vous que vos objectifs soient

mesurables, de sorte que vous puissiez suivre votre progrès au fil du temps. Par exemple, si votre objectif est de perdre du poids, fixez un objectif de perte de poids en livres ou en kilogrammes, et utilisez un journal de bord pour suivre votre progrès.

3. Établissez des objectifs réalisables : Assurez-vous que vos objectifs soient réalisables en fonction de votre niveau de compétence et de votre emploi du temps. Si vous travaillez à temps plein et que vous avez une famille, vous ne pourrez peut-être pas vous entraîner cinq fois par semaine. Établissez donc des objectifs qui correspondent à votre mode de vie et à vos capacités.

4. Établissez des objectifs pertinents : Assurez-vous que vos objectifs soient pertinents pour vous et votre vie. Si vous détestez courir, vous ne devriez pas vous fixer un objectif de courir un marathon. Établissez plutôt un objectif qui vous motive et vous intéresse, comme suivre un cours de danse.

5. Établissez des objectifs temporels : Fixez-vous une échéance pour atteindre vos objectifs. Cela vous permet de vous

concentrer sur vos progrès et de vous donner une date à laquelle vous pouvez célébrer votre réussite.

6. Célébrez vos succès : Lorsque vous atteignez un objectif, célébrez-le! Prenez le temps de vous récompenser et de reconnaître vos efforts et votre réussite.

En suivant ces stratégies, vous pouvez établir des objectifs atteignables et réalisables qui vous aideront à renforcer votre confiance en vous et votre estime de soi. Se fixer des objectifs réalisables vous permet de constater votre progression, de célébrer vos succès et de maintenir votre motivation pour atteindre vos objectifs.

Apprendre à dire "non" et à fixer des limites saines

Apprendre à dire "non" et à fixer des limites saines est essentiel pour renforcer votre confiance en vous et votre estime de soi. Voici quelques stratégies pour vous aider à y parvenir :

1. Identifiez vos limites : Prenez le temps de réfléchir à vos valeurs et à vos besoins. Quelles sont les choses qui sont importantes pour vous ? Quelles sont les choses que vous ne voulez pas tolérer ? Cela vous aidera à identifier vos limites.
2. Soyez honnête avec vous-même et les autres : Si vous vous sentez mal à l'aise ou que quelque chose ne vous convient pas, il est important de le dire. Soyez honnête avec vous-même et avec les autres. Dites "non" si quelque chose ne vous convient pas, et ne vous sentez pas obligé de justifier votre réponse.
3. Pratiquez la communication assertive : La communication assertive vous permet de

communiquer efficacement tout en respectant les autres. Elle implique d'exprimer vos besoins et vos sentiments de manière claire et directe, sans être agressif ou passif. Apprenez à exprimer vos besoins sans blâmer ou critiquer les autres.

4. Apprenez à dire "non" : Dire "non" est parfois difficile, surtout si vous voulez être aimable ou éviter les conflits. Cependant, apprendre à dire "non" est important pour fixer des limites saines et respecter vos propres besoins. Il est important de se rappeler que dire "non" à une demande ne signifie pas que vous êtes méchant ou égoïste.

5. Pratiquez l'auto-compassion : Apprendre à dire "non" peut être difficile, mais il est important de se rappeler que prendre soin de soi est essentiel pour une bonne santé mentale et physique. Pratiquez l'auto-compassion en vous encourageant et en vous félicitant pour votre capacité à fixer des limites saines.

En pratiquant ces stratégies, vous pouvez apprendre à dire "non" et à fixer des limites saines, ce qui peut aider à renforcer votre confiance en vous et votre estime de soi. Apprendre à dire "non" vous permet de protéger votre bien-être et de vous concentrer sur les choses qui sont importantes pour vous.

Cultiver des relations positives et nourrissantes

Cultiver des relations positives et nourrissantes est un élément clé pour renforcer votre confiance en vous et votre estime de soi. Voici quelques stratégies pour vous aider à y parvenir :

1. Entourez-vous de personnes positives : Les personnes avec lesquelles vous passez du temps ont un impact significatif sur votre vie. Entourez-vous de personnes positives qui vous soutiennent, vous encouragent et vous inspirent. Évitez les personnes qui sont négatives, critiques ou toxiques.
2. Apprenez à communiquer de manière efficace : La communication efficace est essentielle pour des relations saines et nourrissantes. Apprenez à écouter attentivement, à exprimer vos besoins et vos sentiments de manière claire et directe, et à résoudre les conflits de manière constructive.

3. Pratiquez l'empathie : L'empathie implique de comprendre les sentiments et les perspectives des autres. Pratiquez l'empathie en écoutant attentivement les autres et en essayant de voir les choses de leur point de vue. Cela peut vous aider à mieux comprendre les autres et à renforcer vos relations.

4. Soyez authentique : Être authentique implique d'être vous-même et d'être honnête avec les autres. Évitez de vous cacher derrière des masques ou des façades et soyez honnête sur vos pensées, vos sentiments et vos intentions.

5. Investissez du temps et de l'énergie dans vos relations : Les relations saines et nourrissantes exigent du temps et de l'effort. Investissez du temps et de l'énergie dans vos relations en organisant des sorties, en prenant le temps d'écouter les autres, et en étant présent dans les moments importants de leur vie.

6. Apprenez à pardonner : Le pardon est essentiel pour des relations saines et nourrissantes. Apprenez à pardonner les autres et à vous pardonner vous-même pour les erreurs passées. Cela peut vous aider à

guérir les blessures émotionnelles et à renforcer vos relations.

En cultivant des relations positives et nourrissantes, vous pouvez renforcer votre confiance en vous et votre estime de soi. Les relations saines et positives vous aident à vous sentir soutenu, encouragé et aimé, ce qui peut vous aider à surmonter les défis de la vie et à atteindre vos objectifs.

Trouver des moyens de réduire le stress et l'anxiété

Le stress et l'anxiété peuvent avoir un impact significatif sur votre confiance en vous et votre estime de soi. Voici quelques stratégies pour vous aider à réduire le stress et l'anxiété :

1. Pratiquez la respiration profonde : La respiration profonde est une technique simple mais efficace pour réduire le stress et l'anxiété. Asseyez-vous dans une position confortable, fermez les yeux, inspirez profondément par le nez en gonflant votre ventre, puis expirez lentement par la bouche. Répétez plusieurs fois jusqu'à ce que vous vous sentiez plus détendu.
2. Faites de l'exercice régulièrement : L'exercice régulier est un excellent moyen de réduire le stress et l'anxiété. Il peut aider à libérer des endorphines, des hormones du bien-être, qui peuvent vous aider à vous sentir plus heureux et plus détendu.

3. Pratiquez la méditation : La méditation est une technique qui peut aider à calmer l'esprit et à réduire le stress et l'anxiété. Il existe de nombreuses formes de méditation, alors trouvez celle qui vous convient le mieux.

4. Évitez les stimulants : Les stimulants tels que la caféine, l'alcool et le tabac peuvent augmenter le stress et l'anxiété. Évitez ou limitez votre consommation de ces substances pour réduire les niveaux de stress.

5. Trouvez des activités relaxantes : Trouvez des activités qui vous aident à vous détendre, comme prendre un bain chaud, écouter de la musique douce ou lire un livre. Faites de ces activités une partie régulière de votre routine quotidienne pour réduire le stress.

6. Pratiquez l'auto-compassion : L'auto-compassion implique de traiter soi-même avec gentillesse, compréhension et indulgence. Pratiquez l'auto-compassion en vous parlant de manière positive, en vous accordant du temps pour vous détendre et en vous offrant des récompenses pour vos réalisations.

7. Cherchez de l'aide professionnelle : Si le stress et l'anxiété sont un problème constant dans votre vie, cherchez de l'aide professionnelle. Un professionnel de la santé mentale peut vous aider à trouver des stratégies pour gérer le stress et l'anxiété.

En réduisant le stress et l'anxiété dans votre vie, vous pouvez renforcer votre confiance en vous et votre estime de soi. Vous pouvez vous sentir plus détendu, plus en contrôle et plus capable de faire face aux défis de la vie.

Cultiver l'auto-compassion et la gentillesse envers soi-même

L'auto-compassion et la gentillesse envers soi-même sont des compétences importantes pour renforcer votre confiance en vous et votre estime de soi. Voici quelques stratégies pour cultiver l'auto-compassion et la gentillesse envers soi-même :

1. Traitez-vous comme vous traiteriez un ami : Si vous avez du mal à vous parler avec gentillesse et compréhension, essayez de vous demander comment vous parleriez à un ami dans la même situation. Traitez-vous avec la même gentillesse et la même compréhension que vous offririez à un ami qui traverse une période difficile.
2. Soyez conscient de votre dialogue interne : Le dialogue interne négatif peut avoir un impact important sur votre confiance en vous et votre estime de soi. Essayez de prendre conscience de vos pensées et de les

changer lorsque vous vous surprenez à vous parler de manière négative. Remplacez les pensées négatives par des affirmations positives pour renforcer votre confiance en vous.

3. Pratiquez l'auto-gratitude : La gratitude est une pratique puissante pour renforcer la confiance en soi et l'estime de soi. Prenez le temps chaque jour de réfléchir sur les choses pour lesquelles vous êtes reconnaissant dans votre vie. Cela peut vous aider à vous concentrer sur les aspects positifs de votre vie plutôt que sur les aspects négatifs.

4. Offrez-vous des récompenses : Les récompenses peuvent être un excellent moyen de renforcer votre confiance en vous et votre estime de soi. Lorsque vous atteignez un objectif ou réalisez quelque chose que vous avez travaillé dur pour accomplir, offrez-vous une récompense pour célébrer votre succès.

5. Pratiquez la méditation de la bienveillance : La méditation de la bienveillance est une pratique qui consiste à envoyer des pensées positives et bienveillantes à soi-même et aux autres. Prenez quelques minutes chaque

jour pour vous asseoir en silence et envoyer des pensées de bienveillance à vous-même.

6. Faites preuve de bienveillance envers vous-même : La bienveillance envers soi-même implique de traiter soi-même avec gentillesse, compréhension et indulgence. Offrez-vous des moments de détente, des moments pour faire des activités que vous appréciez et des moments pour prendre soin de vous.

En cultivant l'auto-compassion et la gentillesse envers soi-même, vous pouvez renforcer votre confiance en vous et votre estime de soi. Vous pouvez apprendre à parler de manière positive à vous-même, à reconnaître vos réalisations et à traiter vous-même avec la gentillesse que vous offririez à un ami cher.

Surmonter les échecs et les rejets

Les échecs et les rejets peuvent être difficiles à surmonter, mais il est possible de les utiliser pour renforcer votre confiance en vous et votre estime de soi. Voici quelques stratégies pour vous aider à surmonter les échecs et les rejets :

1. Acceptez vos émotions : Lorsque vous êtes confronté à un échec ou à un rejet, il est normal de ressentir de la tristesse, de la colère ou de la frustration. Au lieu de les ignorer, acceptez ces émotions et prenez le temps de les ressentir. Permettez-vous de pleurer, de crier ou de vous défouler, si cela vous aide à libérer ces émotions.

2. Prenez du recul : Après avoir ressenti et accepté vos émotions, prenez du recul pour analyser la situation. Essayez de comprendre pourquoi cela n'a pas fonctionné et cherchez des pistes pour l'amélioration. Cela peut vous aider à éviter les mêmes erreurs à l'avenir.

3. Apprenez de vos erreurs : Les erreurs et les échecs peuvent être des occasions d'apprentissage. Analysez ce qui s'est passé, identifiez les erreurs que vous avez commises et réfléchissez à la manière dont vous pouvez les éviter à l'avenir. Cela peut vous aider à devenir plus résilient et à renforcer votre confiance en vous.

4. Réévaluez vos attentes : Les attentes irréalistes peuvent conduire à des échecs et à des déceptions. Il est important de réévaluer vos attentes et de vous fixer des objectifs atteignables et réalistes. Cela peut vous aider à vous concentrer sur votre progression plutôt que sur votre perfection.

5. Cherchez du soutien : Le soutien social peut être très utile pour surmonter les échecs et les rejets. Parlez à des amis ou à des membres de votre famille, cherchez des conseils auprès de personnes que vous respectez ou rejoignez une communauté d'entraide. Cela peut vous aider à vous sentir moins seul(e) et à obtenir des conseils utiles pour rebondir.

6. Ne perdez pas espoir : Les échecs et les rejets peuvent sembler décourageants, mais il est important de ne pas perdre espoir.

Gardez à l'esprit que l'échec est une étape nécessaire pour réussir. Les personnes les plus réussies dans le monde ont toutes connu l'échec à un moment ou à un autre de leur vie. Continuez à travailler dur, à croire en vous-même et à persévérer.

En utilisant ces stratégies, vous pouvez apprendre à surmonter les échecs et les rejets, à devenir plus résilient et à renforcer votre confiance en vous et votre estime de soi.

Apprendre à demander de l'aide et à accepter les compliments

Apprendre à demander de l'aide et à accepter les compliments sont deux éléments importants dans la construction de la confiance en soi et de l'estime de soi. Pour certaines personnes, demander de l'aide peut sembler un signe de faiblesse, tandis que pour d'autres, accepter les compliments peut être difficile car ils ne se sentent pas méritants ou ne veulent pas paraître arrogants. Pourtant, ces deux compétences sont essentielles pour développer une image de soi positive.

Apprendre à demander de l'aide peut être difficile pour de nombreuses raisons. Certaines personnes peuvent craindre de paraître faibles ou incompétentes, tandis que d'autres peuvent être réticentes à déranger les autres ou à leur demander quelque chose. Cependant, il est important de se rappeler que demander de l'aide est un signe de force, pas de faiblesse. Cela montre que vous êtes prêt à admettre que vous ne pouvez pas tout faire seul et que vous êtes prêt à apprendre de quelqu'un d'autre. En demandant de l'aide, vous pouvez également éviter de commettre des erreurs coûteuses ou de perdre du temps en essayant de résoudre un problème seul.

Accepter les compliments peut également être difficile pour certaines personnes. Certaines personnes peuvent se sentir mal à l'aise lorsqu'on leur donne des compliments, tandis que d'autres peuvent les rejeter en pensant qu'ils ne sont pas méritants. Cependant, il est important de se rappeler que les compliments sont des signes de reconnaissance et d'appréciation de la part des autres. En les acceptant, vous reconnaissez la valeur que vous apportez aux autres et vous renforcez votre propre estime de soi.

Pour apprendre à demander de l'aide et à accepter les compliments, il est important de pratiquer ces compétences régulièrement. Commencez par demander de l'aide sur de petites tâches et en vous adressant à des personnes en qui vous avez confiance. Au fil du temps, vous vous sentirez plus à l'aise pour demander de l'aide sur des projets plus importants ou à des personnes moins familières. De même, lorsque vous recevez des compliments, prenez le temps de remercier la personne et de reconnaître leur appréciation. Vous pouvez également pratiquer l'auto-compassion en vous rappelant que vous méritez d'être aimé et reconnu pour votre travail et vos réalisations.

En fin de compte, apprendre à demander de l'aide et à accepter les compliments est un processus continu qui peut prendre du temps et de la pratique. Cependant, ces compétences peuvent avoir un impact positif sur votre confiance en soi et votre estime de soi, en vous aidant à développer une image de soi plus positive et à renforcer vos relations avec les autres.

Se concentrer sur les solutions plutôt que sur les problèmes

Se concentrer sur les solutions plutôt que sur les problèmes est une attitude clé qui peut aider à cultiver la confiance en soi et l'estime de soi. Beaucoup de gens ont tendance à se concentrer sur les problèmes, sur ce qui ne va pas dans leur vie, sur leurs échecs et leurs imperfections. Cela peut entraîner des pensées négatives et un manque de confiance en soi. En revanche, en se concentrant sur les solutions, on peut apprendre à voir les choses d'une manière différente et plus positive.

Lorsqu'on est confronté à un problème, il peut être facile de se sentir submergé et de se concentrer sur les aspects négatifs de la situation. Cependant, en se concentrant sur les solutions plutôt que sur les problèmes, on peut apprendre à voir les choses sous un angle différent. Au lieu de se demander "Pourquoi cela m'arrive-t-il ?" on peut se demander "Que puis-je faire pour changer cela ?". Cette approche permet de se concentrer sur les actions concrètes que l'on peut prendre pour améliorer la situation.

Il est important de se rappeler que chaque problème a une solution. Cela peut prendre du temps et des efforts pour trouver la bonne solution, mais il est toujours possible de trouver une réponse positive. En se concentrant sur les solutions, on peut se sentir plus confiant dans notre capacité à gérer les défis qui se présentent à nous.

Un autre avantage de se concentrer sur les solutions est que cela peut aider à cultiver une attitude positive. Lorsque l'on est constamment en train de se concentrer sur les problèmes, il peut être difficile de voir les aspects positifs de la vie. En se concentrant sur les solutions, on peut apprendre à voir les choses d'une manière plus positive et optimiste.

Pour se concentrer sur les solutions plutôt que sur les problèmes, il est important de commencer par identifier clairement le problème que l'on cherche à résoudre. Ensuite, on peut commencer à rechercher des solutions possibles. Il peut être utile de prendre le temps de réfléchir à toutes les options possibles, même celles qui peuvent sembler moins évidentes.

Une fois que l'on a identifié les différentes solutions possibles, il est important d'examiner les avantages et les inconvénients de chaque option. Ensuite, on peut choisir la solution qui semble la plus appropriée pour résoudre le problème. Il est important de se rappeler qu'il peut y avoir plusieurs solutions possibles à un problème et que la meilleure solution peut varier en fonction de la situation.

En résumé, se concentrer sur les solutions plutôt que sur les problèmes peut aider à cultiver une attitude positive, à trouver des réponses positives aux défis de la vie et à renforcer la confiance en soi et l'estime de soi. En identifiant les problèmes, en recherchant des solutions possibles, en évaluant les avantages et les inconvénients de chaque option et en choisissant la solution la plus appropriée, on peut apprendre à surmonter les défis de la vie de manière positive et productive.

Développer des compétences sociales et de communication

Développer des compétences sociales et de communication est essentiel pour cultiver la confiance en soi et l'estime de soi. Lorsque vous êtes capable de communiquer efficacement et d'interagir avec les autres de manière positive, vous êtes plus à l'aise dans les situations sociales et vous avez plus de facilité à nouer des relations.

Pour développer vos compétences sociales et de communication, il est important de commencer par vous écouter vous-même. Apprenez à identifier vos pensées et vos sentiments, et à les exprimer de manière claire et concise. Vous pouvez également pratiquer l'écoute active en faisant preuve d'empathie envers les autres et en montrant de l'intérêt pour leurs expériences.

Une autre compétence importante est la capacité à gérer les conflits de manière constructive. Apprenez à identifier les sources de conflit et à trouver des solutions qui conviennent à toutes les parties impliquées. Soyez également prêt à négocier et à compromettre lorsque cela est nécessaire.

Il est également important de développer votre assertivité. Cela signifie être capable de défendre vos propres intérêts tout en respectant les droits et les sentiments des autres. Apprenez à exprimer vos besoins et vos opinions de manière claire et directe, tout en évitant d'être agressif ou passif-agressif.

Enfin, travaillez sur votre confiance en vous lorsque vous communiquez avec les autres. Soyez sûr de vous, parlez avec assurance et maintenez un contact visuel direct. Montrez également de l'intérêt pour les autres en leur posant des questions et en écoutant attentivement leurs réponses.

En développant vos compétences sociales et de communication, vous pouvez améliorer votre confiance en vous et votre estime de vous-même. Vous vous sentirez plus à l'aise dans les situations sociales et vous serez mieux préparé à nouer des relations positives et saines.

Se fixer des limites saines avec les médias sociaux et la technologie

Dans notre société moderne, les médias sociaux et la technologie sont omniprésents. Bien qu'ils offrent de nombreux avantages, ils peuvent également avoir des effets négatifs sur notre confiance en soi et notre estime de nous-mêmes. Pour cette raison, il est important de se fixer des limites saines pour notre utilisation des médias sociaux et de la technologie.

La première étape pour se fixer des limites saines est de prendre conscience de la façon dont vous utilisez actuellement les médias sociaux et la technologie. Posez-vous des questions telles que : Combien de temps passez-vous sur les réseaux sociaux chaque jour ? Quel type de contenu consommez-vous ? Comment cela vous affecte-t-il émotionnellement ?

Une fois que vous avez identifié les aspects de votre utilisation des médias sociaux et de la technologie qui peuvent être problématiques, vous pouvez commencer à mettre en place des limites saines. Par exemple, vous pouvez :

- Limiter le temps que vous passez sur les réseaux sociaux chaque jour.
- Définir des heures spécifiques où vous utilisez la technologie, comme ne pas utiliser votre téléphone pendant les repas ou avant de vous coucher.
- Se désabonner ou supprimer des comptes qui vous font sentir mal dans votre peau ou qui ne vous apportent pas de valeur.
- Choisir de ne pas utiliser la technologie pendant les moments importants de votre journée, comme lorsque vous êtes en train de travailler ou d'étudier.
- Prioriser les interactions en personne plutôt que les interactions en ligne.
- Utiliser des applications de suivi pour vous aider à limiter votre temps d'utilisation des médias sociaux et de la technologie.

En se fixant des limites saines, vous pouvez réduire le temps que vous passez sur les médias sociaux et la technologie, vous donner plus de temps pour vous concentrer sur vous-même et vos relations interpersonnelles, et vous protéger des effets négatifs que ces outils peuvent avoir sur votre confiance en vous et votre estime de vous-même.

En fin de compte, il s'agit de trouver un équilibre sain entre l'utilisation des médias sociaux et de la technologie et les autres aspects de votre vie. En vous fixant des limites saines, vous pouvez améliorer votre bien-être mental et émotionnel et renforcer votre confiance en vous et votre estime de vous-même.

Apprendre à gérer l'imposteur et le syndrome de la fraude

L'imposteur et le syndrome de la fraude sont des sentiments courants chez ceux qui manquent de confiance en eux. Ces sentiments sont souvent associés à la croyance que l'on n'est pas assez compétent, intelligent ou talentueux pour réussir. Il est important de comprendre que ces sentiments ne sont pas fondés sur la réalité, mais sur des perceptions et des croyances négatives sur soi-même.

Pour surmonter ces sentiments, il est important de prendre conscience de ses pensées et de ses émotions. Apprendre à identifier les schémas de pensée négatifs est un premier pas important pour changer ces pensées en pensées positives et constructives. Il est également important de se rappeler que tout le monde fait des erreurs et qu'il est normal de ne pas tout savoir ou tout comprendre.

En plus de cela, il peut être utile de se rappeler ses réalisations passées et de se concentrer sur ses forces et ses compétences. Prendre le temps de célébrer les petites victoires peut aider à développer la confiance en soi et à surmonter le sentiment d'imposteur.

Il est également important de demander de l'aide si nécessaire. Parler à un ami, un mentor ou un professionnel de la santé mentale peut aider à obtenir un soutien émotionnel et des conseils pratiques sur la façon de surmonter ces sentiments.

Enfin, il est important de se rappeler que l'imposteur et le syndrome de la fraude sont des sentiments communs qui peuvent affecter n'importe qui, quel que soit son niveau de réussite ou ses compétences. En acceptant ces sentiments comme étant normaux, on peut apprendre à les surmonter et à se concentrer sur la réalisation de ses objectifs.

Cultiver une image de soi positive et authentique

Cultiver une image de soi positive et authentique est essentiel pour développer la confiance en soi et l'estime de soi. Cela implique de se connaître soi-même et de se concentrer sur ses forces et ses qualités uniques.

Pour commencer, il est important de pratiquer l'auto-réflexion et l'introspection pour mieux comprendre ses valeurs, ses intérêts et ses désirs. Cela peut se faire en écrivant ses pensées et ses sentiments dans un journal, en méditant ou en discutant avec un ami ou un professionnel de la santé mentale.

Il est également important de se concentrer sur ses forces et ses qualités positives plutôt que sur ses défauts. Cela peut être difficile, car nous avons tendance à nous concentrer sur nos faiblesses et à nous critiquer constamment. Cependant, en se concentrant sur nos forces et nos qualités, nous pouvons développer une image de soi plus positive et authentique.

Il est également important de cultiver des relations positives et saines avec les autres. Les relations positives peuvent aider à renforcer l'estime de soi et à encourager une image de soi positive et authentique. Il est important de choisir des amis et des partenaires qui nous soutiennent et nous encouragent plutôt que de nous critiquer et de nous rabaisser.

Enfin, il est important de prendre soin de son corps et de son esprit en adoptant des habitudes de vie saines. Cela peut inclure une alimentation équilibrée, de l'exercice régulier, un sommeil adéquat et la gestion du stress. Prendre soin de soi peut aider à développer une image de soi positive et authentique en renforçant la confiance en soi et l'estime de soi.

En résumé, pour cultiver une image de soi positive et authentique, il est important de pratiquer l'auto-réflexion et l'introspection, de se concentrer sur ses forces et ses qualités, de cultiver des relations positives et saines avec les autres, et de prendre soin de son corps et de son esprit. En travaillant sur ces aspects, on peut développer une image de soi plus positive et authentique qui renforce la confiance en soi et l'estime de soi.

Maintenir et renforcer la confiance en soi et l'estime de soi tout au long de sa vie.

La confiance en soi et l'estime de soi sont des qualités qui doivent être cultivées tout au long de la vie. Il est important de comprendre que ces qualités ne sont pas acquises une fois pour toutes, mais qu'elles doivent être renforcées régulièrement pour maintenir un sentiment de bien-être et de satisfaction personnelle.

Il existe plusieurs façons de maintenir et de renforcer la confiance en soi et l'estime de soi au fil du temps. Tout d'abord, il est important de continuer à se fixer des objectifs et à travailler dur pour les atteindre. Lorsque nous atteignons un objectif, cela nous donne un sentiment de réussite et de confiance en soi qui peut nous aider à surmonter les défis futurs.

Il est également important de prendre soin de notre santé mentale et physique. Cela peut inclure des activités telles que la méditation, l'exercice régulier, la pratique de la gratitude et l'engagement dans des activités qui nous passionnent. Le maintien d'un mode de vie sain peut nous aider à nous sentir mieux dans notre peau et à augmenter notre estime de nousIl est également important de continuer à apprendre et à se développer. En acquérant de nouvelles compétences et connaissances, nous pouvons nous sentir plus confiants dans nos capacités et plus confiants dans notre place dans le monde. Cela peut également nous donner des outils pour surmonter les obstacles futurs.

Enfin, il est important de maintenir des relations positives et nourrissantes. Des amis et des proches qui nous soutiennent et nous encouragent peuvent nous aider à maintenir une image de soi positive et à surmonter les moments de doute et de difficulté.

En résumé, la confiance en soi et l'estime de soi sont des qualités précieuses qui doivent être renforcées tout au long de la vie. En se fixant des objectifs, en prenant soin de notre santé mentale et physique, en apprenant et en se développant continuellement et en maintenant des relations positives, nous pouvons maintenir et renforcer ces qualités et profiter d'une vie plus épanouissante et plus satisfaisante.

CONCLUSION

En conclusion, il est important de se rappeler que la confiance en soi et l'estime de soi sont des qualités qui peuvent être cultivées et renforcées tout au long de la vie. Il peut être difficile de travailler sur soi-même et de surmonter les obstacles, mais avec de la patience, de la persévérance et de la bienveillance envers soi-même, il est possible de réaliser des progrès significatifs.

Il est important de se rappeler que chacun est unique et que chacun a ses propres forces et ses propres faiblesses. En acceptant cela, vous pouvez vous concentrer sur vos objectifs personnels et vous épanouir pleinement en tant qu'individu.

N'oubliez pas que vous êtes votre propre meilleur ami et que vous méritez l'amour et le respect de vous-même. En cultivant la confiance en soi et l'estime de soi, vous pouvez vivre une vie plus épanouissante et plus satisfaisante, et faire face aux défis avec plus de courage et de détermination.

BELLE VIE A VOUS

Printed in Great Britain
by Amazon

22867989R00036